Karin Birchler Hofbauer
Monika Birchler-Küchlin

ANNA UND OBUR

Eine Mutmach-Geschichte für schweigende Kinder

Bilderbuch zum Thema „Selektiver Mutismus“

Karin Birchler Hofbauer
Monika Birchler-Küchlin

ANNA UND OBUR

Eine Mutmach-Geschichte für schweigende Kinder

Bilderbuch zum Thema „Selektiver Mutismus“

Schulz-Kirchner Verlag

Bibliografische Information der Deutschen Nationalbibliothek

Die Deutsche Nationalbibliothek verzeichnet diese Publikation in der Deutschen Nationalbibliografie; detaillierte bibliografische Daten sind im Internet über http://dnb.d-nb.de abrufbar.

3. Auflage 2025
2. Auflage 2023
1. Auflage 2020
ISBN 978-3-8248-1268-4

Mollweg 2, D-65510 Idstein, info@schulz-kirchner.de
Vertretungsberechtigte Geschäftsführer:
Dr. Ullrich Schulz-Kirchner, Martina Schulz-Kirchner
Illustrationen: Monika Birchler-Küchlin
Lektorat: Doris Zimmermann
Umschlagentwurf und Layout: Petra Jeck
Druck und Bindung:
TZ-Verlag und Print GmbH, Bruchwiesenweg 19, 64380 Roßdorf
Printed in EU

Was ist selektiver Mutismus?

Selektiver Mutismus ist eine noch immer wenig bekannte Kommunikationsstörung, von der schätzungsweise bis zu eines von hundert Kindern betroffen ist.

Kinder mit selektivem Mutismus sind in gewissen Situationen nicht in der Lage zu sprechen, obwohl sie normal entwickelt sind und die Fähigkeit zu sprechen altersgerecht vorhanden ist.
Das Schweigen tritt in sozialen Alltagssituationen, wie z. B. in Kindergarten und Schule, oder ganz allgemein in der Öffentlichkeit auf. Die Kinder sprechen nur selektiv mit ihnen nahestehenden Personen aus dem engsten Familienkreis und in vertrauten Situationen, oft auch nur zu Hause. Hierin besteht ein Unterschied zum allgemeinen Mutismus, bei dem Kinder vollständig verstummen.

Zwischen dem beharrlichen Schweigen und dem unbeschwerten Sprechen in vertrauten Situationen besteht eine große Diskrepanz: Während das Umfeld das Kind oft als stumm, passiv und ängstlich wahrnimmt, ist es im vertrauten Kreis redselig, lebendig, temperamentvoll und fröhlich.

Das unfreiwillige Schweigen mutistischer Kinder wird oft falsch interpretiert: als extreme Schüchternheit, als willentliche Gesprächsverweigerung oder sogar als Sturheit. Bei Erzieherinnen und Lehrpersonen besteht oft die Hoffnung, dass sich das Schweigen eines Tages von selbst legt.
Die Folge ist, dass der selektive Mutismus oft erst sehr spät als solcher erkannt wird, häufig erst nach dem Kindergarten- oder Schuleintritt.
Für betroffene Kinder ist es jedoch von großer Wichtigkeit, den selektiven Mutismus frühzeitig zu erkennen und therapeutisch zu behandeln. Anderenfalls besteht die Gefahr, dass die gestörten Kommunikationsmuster und Sprechhemmungen bis ins Erwachsenenalter fortbestehen.

Kindergarten- und Unterstufenlehrpersonen spielen hierbei eine zentrale Rolle: Richtig sensibilisiert helfen sie mit, selektiven Mutismus rechtzeitig zu erkennen und eine geeignete Therapie in die Wege zu leiten. Bei frühzeitigem Therapiebeginn – möglichst vor Schuleintritt – werden die Chancen für die Überwindung des Schweigens heute als sehr gut eingeschätzt.

Das ist Anna.
Anna ist 5 Jahre alt.

Das ist Obur.
Obur ist ein Vielfraß.
Er frisst Worte. Er frisst Annas Worte.
Obur ist unsichtbar. Nur Anna sieht ihn.
Er ist immer bei Anna.
Manchmal ist er riesengroß und stark.
Manchmal ist er ganz klein und schwach.

Das sind Annas Mama und Papa.
Anna spricht nur mit ihnen ...

... und mit den Großeltern und ihren Cousinen Lia und Mia.

Bei ihnen fühlt sich Anna sicher und wohl.
Dann spricht sie wie ein Wasserfall und lacht viel.
Obur ist dann ganz klein und unwichtig.

Wenn Mama und Papa Besuch haben, wird Obur groß und stark.

Auch beim Einkaufen oder wenn jemand an der Tür klingelt, wird Obur groß und bedrohlich.
Dann stellt sich Obur dicht hinter Anna und klaut ihr mit der Tatze jedes Wort aus dem Mund. Gierig verschlingt er eines nach dem anderen.

Obur ist ein Vielfraß. Er hat immer Hunger auf Wörter, auf Anna-Wörter. Ihr bleibt kein einziges Wort mehr übrig.
Anna ist dann stumm und wird ganz starr.
Sie klammert sich an Mama oder versteckt sich hinter ihr.

danke

Heute geht Anna mit Mama in die Drogerie.
Die nette Verkäuferin fragt Anna: „Möchtest du einen Traubenzucker?“
Anna möchte antworten: „Oh ja, gerne den mit Himbeergeschmack!“

Aber ausgerechnet da funkt Obur dazwischen und stiehlt Anna jedes Wort aus dem Mund. Anna bringt kein einziges mehr über die Lippen.
Sie ist wütend und traurig.

ja

Weil die Leute Obur nicht sehen können, verstehen sie nicht, warum Anna auf ihre Fragen keine Antwort gibt, nie „Hallo“,„Danke“ oder „Tschüss“ sagt, sondern nur stumm dasteht.
Anna spürt in solchen Momenten die Erwartung, dass sie etwas sagen sollte.
Sie merkt, wie die Erwachsenen sie fragend und ratlos anschauen, das Gleiche nochmals fragen – als wäre Anna schwerhörig – oder manchmal auch ungeduldig werden.
Das macht Anna traurig.

Am Abend streichelt Anna ihre Katze Mimi und sagt: „Du hast es gut; niemand erwartet von dir eine Antwort. Warum nur frisst Obur ausgerechnet meine Worte? Andere Kinder haben doch auch keinen Obur."

Mimi schnurrt nur und schmiegt sich an Anna.

Anna ist seit einem Monat im Kindergarten. Hier ist es anders als in der Kita.
In der Kita wussten alle, dass Anna nicht spricht.
Und das war auch in Ordnung so.

Im Kindergarten soll Anna der Kindergärtnerin zur Begrüßung die Hand geben und „Hallo" sagen. Auf Fragen erwartet die Kindergärtnerin eine Antwort.
Im täglichen Morgenkreis erzählen die Kinder ihre Erlebnisse.
Anna möchte von ihrer Katze Mimi erzählen.

Aber das geht nicht.
Obur sitzt dicht hinter Anna.
Er ist groß und stark.
Mit seinen Pranken klaut er Anna gierig jedes Wort.
Kein einziges Wort lässt er Anna übrig.

darf ich

Zu Hause erzählt Mama, dass die Kindergärtnerin angerufen und ihr erzählt hat, dass Anna im Kindergarten sehr ruhig ist und nichts sagen mag.

Mama fragt Anna: „Gefällt es dir denn gar nicht im Kindergarten?“
„Oh doch!“, antwortet Anna.
„Die vielen Spielsachen und die Spiele mit der Kindergärtnerin sind toll. Wenn nur nicht der gemeine Vielfraß Obur da wäre!“
„Der wer?“, fragen Mama und Papa erstaunt.
„Obur, der mir alle Worte aus dem Mund klaut und sie frisst, so dass ich nichts sagen kann“, klagt Anna.

Von diesem Obur hatten Annas Mama und Papa keine Ahnung. Sie dachten, dass Anna einfach etwas schüchtern ist und deshalb manchmal schweigt.
Sie sind froh, dass Anna nun von ihm erzählt hat.
So verstehen sie jetzt auch, warum Anna manchmal nicht sprechen kann.

Zum Glück findet Mama Frau Blum, die sich bestens mit gefräßigen Oburs auskennt.

Frau Blum wird Anna helfen, stärker als Obur zu werden, damit er ihr keine Worte mehr stehlen kann. Anna darf nun einmal in der Woche zu ihr in die Spielstunde.

Dort gibt es einen großen Teddybär, der Anna an der Tür begrüßt und ihr das Spielzimmer zeigt.

Frau Blum hat viele tolle Spielsachen:
Spielsand, Papier und Farben zum Malen, spannende Spiele, ein ganzes Regal voller Bilderbücher und verlockende Sachen zum Verkleiden.
Am liebsten hat Anna aber den Teddybären.
Er hat ein kuscheliges, weiches Fell und ganz liebe Augen.
Anna mag ihn auf Anhieb und fühlt sich bei ihm sicher und wohl.
Die beiden werden schnell gute Freunde.

In der Spielstunde spricht meistens der Teddybär mit Anna.
In seiner Anwesenheit fühlt sich Obur zu schwach, um Annas Worte zu klauen.
Anna kann dem Bär schon bald ein paar Worte ins Ohr flüstern.
Und der Teddy gibt Annas Antwort dann Frau Blum weiter.
Das klappt prima.

Anna und der Bär spielen viele Spiele mit Frau Blum.
Sie sind schnell ein gutes Team und gewinnen oft gegen Frau Blum.
Die Besuche bei Frau Blum machen Anna sehr viel Spaß.

Mit jeder Spielstunde bei Frau Blum wird Obur kleiner.
Immer seltener schafft er es, Annas Worte zu stehlen.
Anna kann jetzt auch besser direkt mit Frau Blum sprechen und braucht den Teddy nur noch manchmal als Unterstützer.

Mama und Papa haben der Kindergärtnerin vom Vielfraß Obur erzählt.
Die Kindergärtnerin weiß auch, dass Anna jede Woche zu Frau Blum gehen darf.

Anna ist froh, dass die Kindergärtnerin über Obur Bescheid weiß. Nun versteht die Kindergärtnerin auch, warum Anna im Morgenkreis nichts erzählen oder nicht mitsingen kann.

Heute fragt die Kindergärtnerin die Kinder, was sie denn besonders gut können und gerne machen.
„Rad fahren, Fußball spielen, zeichnen, Klavier spielen, basteln, ...“, rufen die Kinder wild durcheinander.
„Und was ist mit dem Stillsitzen und dem Zuhören?“, lacht die Kindergärtnerin.
Sie erklärt: „Für zappelige Kinder ist es schwierig, still zu sitzen. Für Plappermäulchen ist es schwierig, ruhig zuzuhören und nicht dazwischenzurufen. Und für Kinder, die einen Vielfraß Obur haben, ist es schwierig, im Morgenkreis zu sprechen, obwohl sie gerne einiges erzählen würden. Wir alle können vieles gut und manches müssen wir noch lernen“, erklärt sie weiter.
„Ihr alle seid verschieden und jeder ist etwas ganz Besonderes.
UND DAS IST GUT SO.“

Eines Morgens ist Obur im Kindergarten wieder einmal besonders gefräßig.
Kein einziges Wort lässt er Anna übrig.

Jetzt liegt er auf dem Boden.
Sein Bauch ist prall gefüllt und kugelrund.
„Aua, aua, mein Bauch tut soooo weh!“, jammert Obur.
Da wird Anna richtig wütend und schreit innerlich:
„Du blöder Obur! Warum klaust du mir auch immer alle Worte! Es geschieht dir nur recht, dass du Bauchweh hast!“

ANNA SPÜRT, WIE IHRE WUT GEGEN OBUR IMMER GRÖSSER WIRD.

Seit einem Jahr geht Anna nun zu Frau Blum.
In der Spielstunde ist Obur meist ganz klein.

Doch heute ist es anders:
Heute ist Obur hungrig wie schon lange nicht mehr. Plötzlich steht er groß und dunkelgrau vor Anna und brüllt wütend: „Ich habe Hunger! Ich habe Hunger auf ganz viele Anna-Wörter!“

„Nein!“, sagt Anna bestimmt.
„Ich will jetzt dieses Spiel mit Frau Blum spielen!“
Aber Obur weicht nicht zurück. Alles, was er will, sind jetzt, ausgerechnet jetzt, Annas leckere Worte.

Da haben Anna und Frau Blum eine Idee.
Sie verkleiden sich beide als Drachen.
Drachen sind ja richtig stark!
Sie bauen zusammen eine Höhle aus Tüchern und Kissen und sperren den gierigen Obur darin ein.
Anna fühlt sich dabei mutig und stark.
Sie sagt zu Obur: „So, jetzt bist du gefangen und kannst mir kein einziges Wort mehr stehlen, ha ha!“
Obur erschrickt. So kennt er Anna gar nicht.
Er wird winzig klein und verkriecht sich tief in der Höhle.

Nun können Anna und Frau Blum in Ruhe weiter spielen.
Anna ist stolz, dass sie es zusammen mit Frau Blum geschafft hat, Obur einzusperren. So konnte er ihr kein einziges Wort klauen.
Anna fühlt sich richtig gut und glücklich.

Eine Woche später hat Anna wieder viel Spaß bei Frau Blum.
Sie haben sich verkleidet und spielen Königin und Prinzessin im Schloss.
Obur ist es langweilig.
Er plustert sich hinter Anna auf und versucht immer wieder, ihr Worte aus dem Mund zu klauen.
Anna wird wütend.
Sie schaut Frau Blum an, die ihr aufmunternd zunickt.

Anna schreit Obur an: „Geh weg! Sonst sperre ich dich wieder in die dunkle Drachenhöhle!“
Obur erschrickt gewaltig und ruft: „Neiiiiiin! Bitte nicht!“
Schnell verkriecht er sich in die hinterste Ecke des Raumes, wo er sich ängstlich unter einer Decke versteckt.

„Wow! Das ist aber toll!“
Anna staunt über sich selbst.
Es ist ihr gelungen, Obur wegzuschicken.
Anna ist mächtig stolz.
Glücklich spielt sie mit Frau Blum weiter, ohne von Obur gestört zu werden.

Am Abend sagt Obur zu Anna:
„Das war richtig gemein von dir, mich wieder in die Höhle sperren zu wollen."
Aber Anna erwidert wütend:
„Oh nein! Gemein ist es von dir, mir immer meine Worte zu klauen.
DAS WILL ICH NICHT MEHR!"

Einige Tage später möchte Anna der Kindergärtnerin vom Wochenende erzählen.
Sie durfte die süßen kleinen Babykätzchen der Nachbarin streicheln.
Aber gerade als Anna dies erzählen will, spürt sie Oburs riesige Pranke auf ihrem Mund.

Anna wird stinksauer.
Sie spürt, dass sie es jetzt auch ohne Frau Blums Anwesenheit schafft, Obur wegzuschicken.
„Du klaust mir kein einziges Wort mehr, du! Lass mich in Ruhe!“, schreit Anna innerlich laut und schaut Obur wütend an.
Obur zuckt vor Schreck zusammen und verzieht sich blitzschnell in die hinterste Ecke des Kindergartens.

Anna staunt, wie gut das geklappt hat, und jubelt innerlich vor sich hin.
Ganz allein hat sie es geschafft, Obur wegzuschicken.
Nun kann sie der Kindergärtnerin ungehindert von den süßen Kätzchen erzählen.

Anna findet Obur später klein und verschüchtert in der Ecke kauernd.
Seinen Schwanz hat er eng um sich und den Kopf geschlungen, nur ein Auge schaut noch heraus.
Obur sieht in dem Moment so komisch aus, dass Anna sich die Hand vor den Mund halten muss, um nicht laut loszuprusten.

Am Abend sitzt Obur in Annas Zimmer.
Er sagt zu Anna: „Ich merke, du wirst immer stärker.
Du lässt dir deine Worte nicht mehr so leicht klauen.
So macht mir das Wortestehlen keinen Spaß mehr."
Ganz klein ist Obur jetzt.
Wie ein unglückliches Häufchen Elend sitzt er vor Anna.

Anna sagt: „Das stimmt, ich lasse mir meine Worte nicht mehr so leicht von dir klauen. Sie gehören schließlich mir – mir ganz allein."
Anna ist ebenfalls aufgefallen, dass es Obur in letzter Zeit nur noch selten gelingt, ihr Worte zu stehlen.
Im Kindergarten kann sie nun viel besser auf Fragen eine Antwort geben und manchmal sogar etwas von sich aus erzählen.

Obur steht jetzt vor Anna und sagt: „Ich mag nicht mehr um Worte kämpfen, das ist mühsam und raubt mir zu viel Kraft. Aber wie soll ich bloß meinen Hunger stillen?"

Anna überlegt. Plötzlich sagt sie: „Obur, ich habe eine Idee! Ich werde dir von nun an jeden Tag etwas Lustiges aus dem Kindergarten erzählen. Diese Worte darfst du stibitzen und damit deinen Hunger stillen."

Obur macht vor Freude einen Luftsprung und ruft überglücklich: „Das ist eine super Idee! Dann bekomme ich jeden Tag etwas Leckeres zum Schmatzen, ohne dass ich mühsam Worte stehlen muss! JUPPI JUPPI TRALLALA", jubelt er und tanzt übermütig vor sich hin.

malen wir
und es war sooo schön
und dann sind
wir alle zusammen
mit dem Fahrrad nach...

Plötzlich wird Obur ganz klein und schüchtern.
Er fragt leise: „Darf ich jetzt auch ein bisschen dein Freund sein? Mit dir spielen und Spaß haben?“
Mit großen und lieben Augen schaut er Anna bittend an.

Wieder muss Anna überlegen: Obur ist ja nicht mehr so bedrohlich für sie. Sie ist nun meist stärker als er. Nur noch selten schafft er es, ihre Worte zu klauen. Eigentlich sieht er so klein und bunt ja ganz nett und putzig aus.
Manchmal bringt er sie auch richtig zum Lachen.
Irgendwie gehört er ja auch einfach zu ihr.

„Einverstanden“, sagt Anna. „Du darfst mein Freund sein. Aber nur, wenn du versuchst, mir wirklich keine Worte mehr zu stehlen. Versprichst du es?“
Obur jauchzt.
„OBUR-EHRENWORT!“, jubelt er und kuschelt sich fest an Anna.

„Und du darfst mich auch nicht mehr in die Höhle sperren, wo es sooooo dunkel ist!“, ruft Obur.
„Versprichst du es mir?“
„Wenn du dich dafür nicht mehr so aufplusterst und dich so bedrohlich vor mich hinstellst, dann verspreche ich es“, lacht Anna.
„Großes ANNA-EHRENWORT.“

Am nächsten Tag im Kindergarten macht es sich Obur in Annas Hosentasche bequem.
Zusammen setzen sie sich in den Morgenkreis.
Heute dürfen die Kinder Witze erzählen.
Anna kennt auch einen und möchte ihn unbedingt den Kindern erzählen: „Zwei Frösche sitzen am Teich, als es zu regnen beginnt. Da sagt der eine zum anderen: ‚*Komm, springen wir ins Wasser. Sonst werden wir nass.*'"

Alle finden den Witz lustig und müssen laut lachen. Auch Obur lacht mit. So fest, dass er Anna mit seinem Gezappel am Bauch kitzelt und Anna ebenfalls laut mit den anderen Kindern mitlacht.

Zum ersten Mal konnte Anna im Morgenkreis vor allen Kindern etwas erzählen.
Anna platzt fast vor lauter Freude und Stolz.
Die Kindergärtnerin lächelt Anna an.
Sie freut sich mit Anna.

Klein-Obur begleitet Anna weiterhin auf ihrem Lebensweg.
Und das ist okay so.
Manchmal bricht er sein Versprechen und stibitzt wieder einige ihrer Worte.
Das kommt zum Glück aber nur noch ganz selten vor.
Anna fühlt sich gut und stark.

ANNA IST GLÜCKLICH!

Autorin

Karin Birchler Hofbauer

Zert. Kinder- und Jugendcoach,
Zert. Systemischer Elterncoach,
Dipl. Sozialpädagogin FH.
Tätig als systemisch-lösungsorientierter Coach von Kindern, Jugendlichen und Eltern in eigener Praxis.
Autorin von „Anna und Obur – Eine Mutmach-Geschichte für schweigende Kinder“ (Schulz-Kirchner Verlag, 3. Auflage 2025), „Tila und der Luchs – Das Krafttier als innerer Begleiter, Unterstützer und Mutmacher im Alltag“ (epubli Verlag, 1. Auflage 2024) und „Ich-Buch für die Unterstützte Kommunikation“ (Akademiker Verlag, 1. Aufl. 2015).
Verheiratet und Mutter einer Tochter.

www.kinder-und-jugendcoaching.ch

Illustratorin

Monika Birchler-Küchlin

Dipl. Kindergartenlehrperson,
Spielgruppen- und Waldspielgruppenleiterin
Langjährige Tätigkeit in multikulturellen Klassen.
Illustratorin von „Anna und Obur – Eine Mutmach-Geschichte für schweigende Kinder“ (Schulz-Kirchner Verlag, 3. Auflage 2025), „Tila und der Luchs – Das Krafttier als innerer Begleiter, Unterstützer und Mutmacher im Alltag“ (epubli Verlag, 1. Auflage 2024) und Illustration zweier Lehrmittel: „Situationsbilderbuch“ (Schubi-Verlag, 1. Auflage 2004) und „Was schwimmt denn da?“ (Schubi-Verlag, 1. Auflage 2006).
Verheiratet und Mutter von drei Kindern.

www.filomona.ch

Adressen und Literatur-Empfehlungen zum Thema

Interessengruppen:

- Mutismus Selbsthilfe Deutschland e.V.: www.mutismus.de
- StillLeben e.V. Hannover: www.selektiver-mutismus.de
- Mutismus Schweiz: www.mutismus-schweiz.ch

Literatur und Zeitschriften:

- Bahr, Reiner: Wenn Kinder schweigen – Redehemmungen verstehen und behandeln – Ein Praxisbuch. Patmos Verlag. 8. Auflage (2019)

- Bürgi Wirth, Babette: Mila spricht! Ein Bilderbuch zum selektiven Mutismus. Ernst Reinhardt Verlag. 3. Auflage (2023)

- Fessel, Karen-Susan: Selina Stummfisch – Wenn Kinder schweigen. BALANCE Buch + Medien Verlag. 1. Auflage (2019)

- Gauss, Anne: Der Junge in der Nussschale: Eine Geschichte, die schweigenden, stotternden und schüchternen Kindern Mut macht. Iskopress Verlag. 2. Auflage (2013)

- Hartmann, Boris: Gesichter des Schweigens. Die Systemische Mutismus-Therapie/ SYMUT® als Therapiealternative. Schulz-Kirchner Verlag. 5. Auflage (2019)

- Hartmann, Boris, Lange Michael: Mutismus im Kindes-, Jugend- und Erwachsenenalter. Für Angehörige, Betroffene sowie therapeutische und pädagogische Berufe. Schulz-Kirchner Verlag. 9. Auflage (2024)

- Katz-Bernstein, Nitza: Selektiver Mutismus bei Kindern: Erscheinungsbilder, Diagnostik, Therapie. Ernst Reinhardt Verlag. 6. Auflage (2023)

- Katz-Bernstein, Nitza, Meili-Schneebeli, Erika et al.: Mut zum Sprechen finden: Kinder mit selektivem Mutismus in der Therapie. Ernst Reinhardt Verlag. 5. Auflage (2024)

- Mutismus.de. Fachzeitschrift für Mutismus-Therapie, Mutismus-Forschung und Selbsthilfe. Schulz-Kirchner Verlag. www.skvshop.de